Wald

Mehr als nur Bäume

Text von Gudrun-Aimée Spalke

Illustriert von Gregor Schöner

Für Pia und Ella Thois aus Lauenau,

die wissen wollten,

wozu wir den Wald brauchen

---

www.BennyBlu.de

Benny Blu geht auf Schatzsuche

Benny Blu besucht Opa. Es ist ein sonniger Herbsttag. Benny langweilt sich. „Lass uns in den Wald gehen“, schlägt Opa vor.

„Der Wald steckt voller Geheimnisse!“ Benny wundert sich. „Im Wald gibt es doch nur Bäume.“ Opa lacht. „Komm mit. Du wirst schon sehen.“ Opa und Benny machen sich auf den Weg.

„Der Wald ist das Zuhause vieler Tiere", erklärt Opa. „Ich kann kein Tier sehen. Wo sind die denn alle?", fragt Benny enttäuscht. Er entdeckt nur ein paar Fußabdrücke im weichen Waldboden.

Opa erklärt, dass einige Tiere tagsüber schlafen und nachts jagen. Da fällt Benny Blu ein Fichtenzapfen vor die Füße. „Hey, warum werfen die Bäume ihre Zapfen herunter?", fragt er.

„Bestimmt nicht, weil sie dich ärgern wollen, Benny", lacht Opa. „In den Zapfen stecken kleine Samen. Daraus wächst ein neuer Baum."

Jetzt will Benny Blu alles wissen: „Welche Bäume gibt es im Wald? Wo wohnen die Tiere? Warum brauchen wir den Wald? Und wieso nennt man den Wald auch ‚Grüne Lunge'?"

Kleine Waldgeschichte

Vor 1.300 Jahren war Mitteleuropa fast ganz mit Wald bedeckt. Die Dörfer der Menschen lagen wie Inseln in einem Meer von Bäumen.

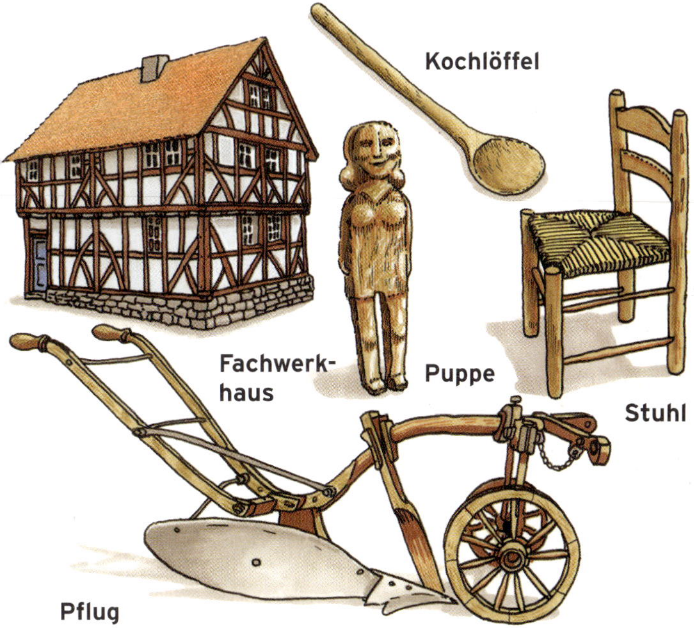

Früher bestanden viele Dinge aus Holz. Unsere Vorfahren heizten auch damit. Sie brauchten Platz für ihre Felder. Deshalb begannen sie viele Bäume zu fällen. Das nennt man Roden.

Märchenwald

Der Wald war für die Menschen ein unheimlicher Ort. Sie glaubten, dass in manchen Bäumen Götter wohnen. Viele Märchen erzählen von Hexen und Zwergen, Elfen und Einhörnern.

Wozu brauchen wir den Wald?

Der Wald ist die „Grüne Lunge" der Erde. Das heißt: Er liefert uns Sauerstoff. Ohne Sauerstoff können wir nicht atmen. Deshalb ist der Wald so wichtig für uns.

Benny Blu Wissens-Tipp

Der Wald bedeckt etwa ein Drittel der Länder auf der Erde. Auch Deutschland ist zu einem Drittel bewaldet – Österreich sogar zur Hälfte.

Wasserspeicher

Der Waldboden saugt viel Wasser auf und speichert es. In den Bergen schützt der Wald die Dörfer vor Lawinen aus Schlamm und Schnee.

Erholung

Die Bäume spenden Schatten. Viele Blätter filtern den Staub aus der Luft. Die reine Waldluft tut gut. Es macht Spaß, im Wald spazieren zu gehen.

Verschiedene Wälder

Alle Wälder bestehen aus Bäumen. Aber es gibt unterschiedliche Wald-Arten auf der Erde. Der Urwald ist ein wild wachsender Wald. Die letzten großen Urwälder findet man in Kanada, Sibirien, Asien, Nordeuropa und in den Tropen.

Tropischer Regenwald

In diesem Urwald ist es das ganze Jahr feucht und warm. Bäume wachsen dort oft schnell.

Laubwald

Dort wachsen Laubbäume. An ihren Zweigen hängen Blätter. Im Herbst färben sie sich rot, gelb oder braun. Dann fallen sie ab.

Nadelwald

Die Bäume in diesen Wäldern tragen Nadeln. Die meisten Nadelbäume bleiben das ganze Jahr über grün.

Benny Blu Wissens-Tipp

In einem Mischwald wachsen Nadel- und Laubbäume. Diese Mischung verhindert, dass sich Baumkrankheiten schnell ausbreiten.

Laubbäume

Man unterscheidet die verschiedenen Bäume an ihren Blättern und Früchten.

Eiche

Buche

Linde

Kastanie

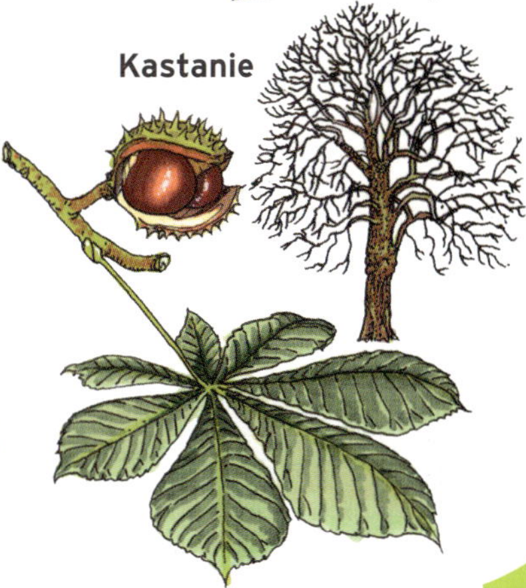

Nadelbäume

Sie hält man anhand der Form ihrer Nadeln und Zapfen auseinander.

Lärche

Kiefer

Fichte

Tanne

Jung und Alt

Bäume wachsen aus Samen. Das geschieht ohne die Hilfe des Menschen. Man sagt: Der Wald verjüngt sich.

Kranke Pflanzen und Äste werden entfernt. So haben die anderen Bäume und Sträucher mehr Platz und Licht. Der Förster sorgt dafür, dass die Waldarbeiter die richtigen Bäume fällen.

Benny Blu Wissens-Tipp

Der Älteste

Diese Grannenkiefer ist 4.900 Jahre alt. Sie wächst in Kalifornien.

Der Dickste

Dieser Baum wächst in Thule in Mexiko. 30 Menschen sind nötig, um seinen Stamm zu umfassen.

Die Kleinsten

Bonsais werden so beschnitten, dass sie in einen Blumentopf passen. Sie sind echte Bäume – nur winzig klein.

Der Wald – eine große Familie

Im Wald leben Pflanzen und Tiere wie in einer Familie zusammen. Dazu gehören auch Luft, Licht, Wasser und Waldboden.

Benny Blu Wald-Rätsel

Was ist auf den kleinen Bildern zu sehen? Trage jeweils den Anfangsbuchstaben in das Kästchen darunter ein. Erkennst du das Lösungswort?

Die Bewohner des Waldes

Der Wald ist für die Tiere wie ein großes Haus. Jedes Tier lebt in einer bestimmten Etage.

Blätterdach

In der Baumschicht nisten Vögel wie die Kohlmeise. Auch das Eichhörnchen baut hier sein Nest.

Erster Stock

Die Strauchschicht besteht aus Sträuchern und Büschen. Hier wohnen Hasen und Rehe.

Erdgeschoss

In den Gräsern der Krautschicht findet man Mäuse und Schnecken.

Keller

In der Wurzelschicht kriechen Regenwürmer. Der Maulwurf baut seine Höhle unter der Erde.

Tiere bei Nacht

Viele Waldtiere schlafen am Tag. Wenn es dunkel wird, jagen sie. Der Uhu (1) und der Fuchs (2) fangen sich Mäuse und Maulwürfe (3).

Die Fledermaus (4) sucht nach Insekten (5). Der Dachs (6) gräbt nach Wurzeln. Auch Würmer spürt er auf. Samen und Beeren verspeist die Haselmaus (7).

Im Lauf des Jahres

Im Frühling wachsen die Pflanzen. Die Vögel schlüpfen aus den Eiern. Auch viele andere Tiere haben Junge.

Sommer

Nun blühen Kräuter und Blumen. Die Bäume haben Blätter bekommen. Die Jungtiere wachsen heran.

Herbst

Beeren und Nüsse reifen. Auch die Pilze wachsen. Das Laub der Bäume färbt sich bunt. Die Tiere legen Vorräte für den Winter an.

Winter

Nun gefriert der Boden. Die Tiere finden weniger Nahrung als im Sommer. Daher werden gegen Ende des Winters Rehe und Hirsche manchmal gefüttert.

Winterschlaf und Winterruhe

Einige Tiere verschlafen den Winter unter einem Laubhaufen. Andere, wie der Dachs, halten Winterruhe. In den Wintermonaten wachen sie nur zum Fressen auf. In der restlichen Zeit schlafen sie.

Benny Blu Wissensfrage

Welche Aufgaben hat ein Förster? Kreuze die richtigen Antworten an.

- A Er sammelt Pilze.
- B Zusammen mit den Waldarbeitern pflegt er den Wald.
- C Er vertreibt Spaziergänger.

Das Ökosystem Wald

Die Mitglieder der Familie Wald beeinflussen sich gegenseitig. Sie bilden einen Kreislauf. Man spricht vom Ökosystem Wald.

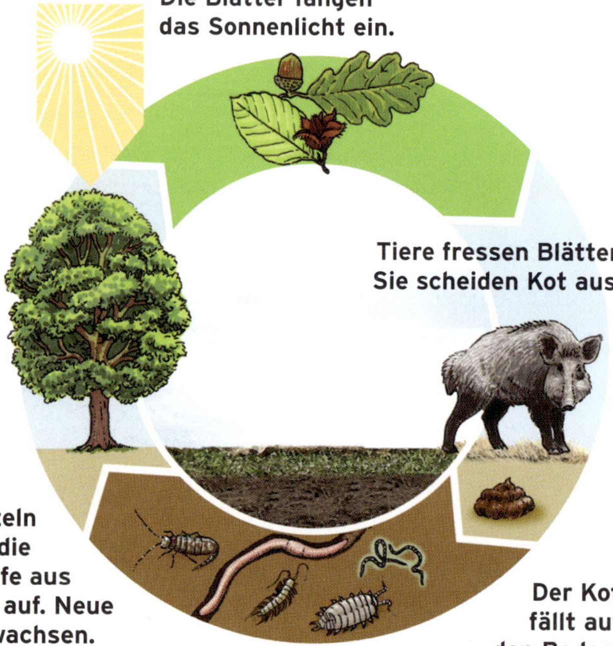

Fressen und gefressen werden

Viele Tiere ernähren sich nicht von Pflanzen. Sie erbeuten kleinere Tiere. Dabei ist der Jäger oft die Beute für ein größeres Tier.

Der Habicht erlegt manchmal eine Ringelnatter.

Die Schlange frisst den Springfrosch.

Der Frosch verspeist die Wegschnecke.

Die Nahrung der Schnecken sind Grünpflanzen.

Das Ökosystem wird gestört

Das Ökosystem verhält sich wie eine Waage. Liegt in einer Schale viel und in der anderen wenig, ist sie nicht mehr im Gleichgewicht.

Fällt man zu viele Bäume, gibt es weniger Blätter. Dadurch finden dann viele Tiere weniger Nahrung.

Benny Blu Wissensfrage

Welche Tiere wohnen in der Baumschicht ?

A Vögel und Eichhörnchen
B Hasen, Rehe und Wildschweine
C Schnecken und Mäuse

Autoabgase

Sie verschmutzen unsere Luft. Mit dem Regen gelangen die kleinen Abgas-Teilchen auf die Bäume und den Waldboden.

Die Blätter der Bäume färben sich gelb. Kranke Bäume werden eher von Schädlingen angenagt. Sie fallen bei Sturm schneller um.

Benny Blu Umwelt-Tipp

Wegen der Autoabgase werden Luft und Regen immer schmutziger. Man nennt das „sauren Regen". Überleg zusammen mit deinen Eltern, ob ihr öfter mal das Fahrrad benutzt.

Benny Blu Spezialfrage

Benny wollte schon immer wissen, was Bioenergie ist. Bioenergie heißt auch „erneuerbare Energie“. Und so hilft sie unsere Umwelt zu schonen:

Ein Baum nimmt beim Wachsen das Gas Kohlendioxid auf. Verbrennt man das Holz, gelangt das Kohlendioxid in die Luft zurück. Holz wächst immer wieder nach. Deshalb ist Energie aus Holz umweltfreundlich.

Benny Blu Aktions-Tipp

Im Herbst schillern viele Blätter in wunderschönen Farben. Hast du Lust einen Blätterkranz zu basteln? Du brauchst dazu:

Laubblätter, ein dickes Buch, Papier, Schere, Klebstoff

Und so geht's:

Sammle einen Korb voll bunter Laubblätter. Die Blätter können ruhig unterschiedliche Formen und Größen haben.

Pressen

Lege die Blätter einzeln zwischen die Seiten eines dicken Buches. Nach ein paar Tagen sind sie platt und trocken.

Ausschneiden

Schneide aus Papier einen fünf Zentimeter breiten Ring aus. Lass dir dabei helfen.

Bekleben

Klebe die getrockneten Blätter auf den Papierring. Fertig ist der Blätterkranz!

Andreas Hinkel

Ralf Zacherl

Lukas Koch

Thomas Bug

Henry Maske

Nina Ruge

Walter Röhrl

Christian Häckl

Prominente Autoren

Viele prominente Autoren geben ihr Sachwissen gerne weiter. Zusammen mit Benny Blu setzen sie sich regelmäßig für Kinder in schwierigen Lebenssituationen ein.

Kein Benny Blu Buch verpassen!

Wer kein Benny Blu Buch verpassen will, nutzt den **Benny Blu Newsletter-Service.** Mehr Infos unter www.BennyBlu.de.

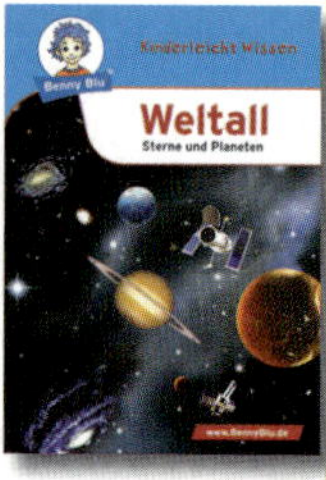

Bereits erschienen:

Adler – Könige der Lüfte
Ägypten – Leben am Nil
Altes Rom – Soldaten, Götter, Spiele
Autos – Vom Dampfwagen zum Flitzer
Babys – Das Leben beginnt
Bauernhof – Leben auf dem Land
Benehmen – Bitte, danke, gern geschehen
Bienen – Fleißige Honigmacher
BRD – So ist sie aufgebaut
Bücher – So werden sie gemacht
Christentum – Der Glaube an Jesus
Delfine – Schlaue Schwimmer
Dinosaurier – Faszinierende Urtiere
Eichen – Vom Samen zum Baumriesen
Eisbären – Raues Leben in der Arktis
Eisenbahn – Von der Pferdebahn zum ICE
Elefanten – Dickhäuter mit Rüssel
Erde – Unser Lebensraum
Fernsehen – Filmen, senden, gucken
Feuerwehr – Löschen, retten, bergen, schüt
Flugzeuge – Vom Gleiter zum Airbus
Frösche – Quakkonzert am Teich
Fußball – Team, Tor, Sieg
Gefühle – Verstehen und damit umgehen
Gehirn – So denken wir
Gemüse – Bunte Fitmacher
Getreide – Vom Korn zum Brot
Glas – Stoff mit Durchblick
Gorillas – Große Menschenaffen
Haie – Scharfsinnige Jäger
Handy – Telefone und Funklöcher
Hausbau – Von der Planung zum Einzug
Hecke – Bäume, Sträucher, Tiere
Heilpflanzen – Blüten, Tee und Zauberkraft
Hunde – Freunde der Menschen
Igel – Stachlige Urtiere
Indianer – Wigwam und Büffeljagd
Kaninchen – ... und Hasen
Kartoffeln – Lecker und gesund
Katzen – Schnurren oder kratzen
Kino – Wie die Bilder laufen lernen
Körper – So funktioniert er
Kolumbus – Entdeckung der Neuen Welt
Krankenhaus – Schnell wieder gesund
Landschildkröten – Lebende Urtiere
Lerntipps – Leichter lernen
Löwen – Mächtige Raubkatzen

Meisen – Geschickte Gartenvögel
Mensch – So hat er sich entwickelt
Milch – Vom Euter bis zur Flasche
Ostern – Das Fest der Freude
Papageien – Bunt und gesellig
Pferde – Schön, schnell und stark
Pilze – Vielseitig und nützlich
Piraten – Räuber der Meere
Polizei – Hilfe, Schutz, Verbrecherjagd
Radio – Senden und empfangen
Raumfahrt – Reisen ins All
Reiten – Sicher im Sattel
Ritter – Lanze, Ross und Reiter
Schiffe – Segelschiffe, Dampfer, Frachter
Schlangen – Züngeln, schlängeln, zischen
Schmetterlinge – Von der Raupe zum Falter
Schokolade – Süßes vom Kakaobaum
Sport – Olympisch fit und fair
Strom – Unsichtbare Energie
Tannen – Immergrüne Nadelbäume
Teich – Zwitschern, zirpen, quaken
Tiger – Gestreifte Großkatzen
Verkehr – Sicher auf der Straße
Vulkane – Feuer speiende Berge
Wald – Mehr als nur Bäume
Wasser – Aus der Quelle ins Glas
Weihnachten – Das Fest der Liebe
Weltall – Sterne und Planeten
Wetter – Regen, Wolken, Sonnenschein
Wiese – Blumen, Gräser und Tiere
Wikinger – Raues Seefahrervolk
Zähne – Starke Beißer
Zeit – Messbar, aber nicht zu fassen
Zucker – Aus der Rübe in die Tüte

... und viele weitere Titel.

Mehr Infos zu Benny Blu
unter der Hotline:
01805/71 66 71 (0,12 €/Minute)
oder im Internet unter:

www.BennyBlu.de

Alle Lösungen auf einen Blick

Damit du die Lösungen lesen kannst,
musst du das Buch drehen.

Von Seite 16

Benny Blu Wald-Rätsel

Richtig! Das Lösungswort heißt:
Lebensraum
1= Laub, 2=Eichhörnchen, 3=Baum,
4=Eichel, 5=Nadeln,
6=Schmetterling, 7=Reh, 8=Ameise,
9= Uhu, 10=Maus

Von Seite 21

Benny Blu Wissensfrage

Bravo! Antwort B ist richtig.

Von Seite 24

Benny Blu Wissensfrage

Gut gemacht! Die richtige Lösung ist Antwort A.
Vögel und Eichhörnchen wohnen in der Baumschicht.